오목교 이야기

오목교 이야기

최배용 시집

도서출판 b

| 시인의 말 |

머뭇거렸던 시간
헤아리기 어려워 침묵했던
당신에 대한 사랑

불현듯,
아직 달관하지 못한
시어들 사이로
삶의 방향성에 대한
물음들을 헤집어
숙제를 마친 것처럼
개운하다

열매가 맺히고
아직 영글어가는 중이다.

2025년 8월
최배용

| 차 례 |

| 시인의 말 |　　　　　5

제1부 오목교 이야기

오목교의 겨울 풍경　　　13
꿋꿋한 남매　　　14
오목내 다리　　　15
짝꿍 순이　　　16
가장　　　17
유언비어　　　18
촌수를 캐다　　　19
천륜　　　20
유언비어 2　　　21
천변에 봄바람 불다　　　22
낮잠　　　24
합창 연습 날　　　25
유언비어 3　　　26
봄비가 장마처럼　　　27
신록　　　28
피에로를 닮은　　　29
우리 동네 찰리 채플린　　　30
장마　　　32
둑길, 참외 장사　　　33

베스와 만나다	34
메뚜기 날다	35
오목교 연가	36
책임	37
아버지와 베스	38
승화	39
안양천의 비애	40
희망	41
오목교 그리기	42

제2부 이정표 없는 길

튜리닝의 재기	45
몸살을 앓으며	46
미로 게임	47
샤레이드	48
낯설음에게	50
공, 굴러가다	51
친구야 밥 먹자	52
의견일치	53
여정	54
이사	55
암 병동에서	56

산사에서	57
청국장	58
오목교역에서	59
주케토	60
치매	61
줄다리기	62
라디오를 듣다	63
관	64

제3부 여름은 짧다

여름은 짧다	67
불의 변명	68
봄날의 설렘	69
하지	70
동지 1	71
동지 2	72
소나비	73
해바라기	74
태풍	75
곶감	76
잡초 1	77
잡초 2	78

꽃차	79
입춘전야	80
들깨 털기	81
가을 임박	82
장미	83

제4부 시작을 위한 점

매듭	87
갑질	88
거울 보고 말하다	89
불면증	90
염전에서	91
데드마스크	92
새벽, N 수산 시장에서	93
낭만파 노익장	94
롱 스카프	96
노점상 랩소디	97
모기 후려치기	98
숲이 피운 향	99
은행나무	100
동백	102
종지부를 찍다	103

제1부

오목교 이야기

오목교의 겨울 풍경

일천구백육십 년, 겨울
볕은 따사로웠지만 담장 너머는 찬바람이
윙윙거리던 겨울 안양천을 흐르던
물살이 오므라지듯 정지되고 통나무로 놓은
오목교로 가는 길은 기온이 떨어지고
얼음길로 다져져 활짝
열리던 겨울, 길목.

꿋꿋한 남매

안양천 얼음이 두꺼워지면
오빠는 나무판 모형 떠서 썰매 만들고
또래 아이들 삼삼오오 모여들면
추위는 절정에 달하고

꽁꽁 얼어붙은 어느 곳에서
살얼음판이 시작되는지를 알고
사각지대 아랑곳없이 포효하며 빙판 누비는 아이들
구경 나온 어른 손잡고 하나둘 사라지면

텅 빈 얼음판, 승부는 아무 포상 없어도
유쾌한 마무리로 옹골지게 기워 놓은
오빠 엉덩이 눈싸락 탈탈 털어주고.

오목내 다리

물살 거센 오목내에 다리를 놓으려 할 때
자꾸 떠내려가 도무지 다리가 되지 못하고
노스님 말씀대로 상류에 오동나무를 띄워
나무가 멈춘 곳에 놓인 다리 옆으로

고향 잃은 순이 부모 눌러살며 고향 삼고
개발로 밀려난 사람들 모여들어
종이접기처럼 판잣집이 동네 하나를 만든다

오동나무 멈췄을 곳에서 만난 순이와
내 유년을 오목하게 휘돌아 가던 다리.

짝꿍 순이

북이 고향이라는 부모님과
오목교 판자촌에 사는
내가 더 빈번하게 오갔던
순이네 집

문을 열면 천변이 훤히 내다보이는 방
순이 어머니가 내어주신
시어 짓물러진 깍두기 볶음밥은 더러 생강이 씹혀도
참기름 넣은 우리 엄마 볶음밥보다 맛이 좋았는데
모자 눌러쓴 순이 아버지 계시면
인사도 외면하는 눈빛이 어려울 때
순이는 우리 집에 가고 싶다고 했다

반질반질한 장독대 뚜껑도 열어 보고
대청마루 올라서서 언니 방을 기웃거리고
마중물 부어 신나게 펌프질하다 말고
먼 하늘 바라보곤 하던
짝꿍 순이.

가장

전쟁 중 작은아버지 행방불명, 아이 셋을 우리 집에 남기고 떠나신 작은엄마, 호탕하고 다정했던 아버지가 무섭게 기강을 잡으신다 아내와 오 남매, 일곱 식구의 건실한 가장, 그 자리에 아우 피붙이 옹이가 되어.

유언비어

'군복 입은 사람이 어두워질 때 기다렸다가 빨간색
옷 입은 아이들만 업어 간데 무섭다 그치?'

오목교 근처는 얼씬도 말라는
아버지 엄포 때문이라도 믿었던 말
덕분에 빨강 오바를 입을 수 없었어

겁 많은 내가 오목교 사는 순이에게 들려준
무시무시하게 슬픈 얘기.

촌수를 캐다

엄마가 설빔으로 똑같이
사 놓으신 양말과 장갑에
의젓하게 인사하는 사촌, 언니 오빠는

서운찮게 애쓰는 큰엄마 마음도 안쓰럽고
큰아버지 불호령의 근원도 알지만
사촌들 아무 말 하지 않아도
온기가 사그라든 자리에 눈치가 자라고

부모 마음 간파한 영리한 열 살 인정머리는
사촌 언니에게 아껴둔 간식을 내밀고.

천륜

남색 오바 입은 단발머리 소녀
제 엄마 사는 곳 알았다며
옆 동네 시장 언저리
낯선 골목 어귀를 서성이다

곱게 단장한 여인을 부르는 소리, 엄마
왜 왔어, 여기가 어디라고 왔어,
등 떠미는 여인, 어서 가

다시는 오지 않겠다는 다짐은
며칠이 지났다고
이번엔 말 걸지 않고
멀찍이서 보기만 하겠다고.

유언비어 2

 명절이 돌아와도 빨강 오바를 입지 않았다 허옇게 바래서 덜렁덜렁 해지려는 낡은 소매를 감추고 아버지께 세배를 드렸다 아버지는 형편이 어려워 조카딸만 새 옷을 사준 것으로 아셨다 나는 빨강 오바만 입으면 모가지가 가렵다고 겨울 다 가도록 징징거렸다 낡은 오바를 입고 움츠리며 걸어가는 등굣길 뒤로 엄마의 한숨 소리가 들렸다 그러나 나는 여전히 빨강 옷에 집착하는 유괴범이 무서웠다.

천변에 봄바람 불다

약속이나 한 듯 아이들이 천변으로 모여들었다 통나무 위로 곡예 하듯 잔재주를 부리며 다리를 건너는 아이들은 오목교 아래로 흐르는 안양천의 윤슬로 반짝이고 아지랑이가 몽글몽글 하늘 위로 피어올랐다 단단한 땅에서 삐쭉했던 새싹들이 기운차게 올라오면 천변에는 나물 캐는 아낙들과 농부의 발걸음이 분주해지기 시작했다 보릿고개를 넘기기 위한 일 년 농사는 고달팠어도 안양천 변 쪽 논밭들은 땅이 비옥하여 무엇을 심어도 잘 자랐다.

날이 따뜻해지면서 아버지가 토끼 두 마리를 사주셨다 토끼풀 뜯으러 둑방에 갈 때는 중국인 양배추밭 근처엔 가지 말라고 하시면서도 '어른 말을 흘려들으면 토끼처럼 눈이 빨갛게 된단다'라고 히죽 겁을 주셨다 봄바람 불고, 풀 향기 코끝을 스치며 오목교로 통하는 천변에 나비가 날아들었다 온갖 풀과 꽃들이 지천인 둑방에서 순이와 토끼풀 뜯으며 화관 만들어 공주님처럼 머리에 쓰고, 꽃반지 만들어 서로의 손가락에 끼워주었다 경사진 언덕에서 웃음기 많았던 한나절, 파란

하늘 저편으로 흰 구름이 흘러가고, 햇살이 옷깃에 노곤히 내려앉았다.

낮잠

눈을 떠보니 어두운 밤
덜컥 겁이 나 두리번두리번
저 멀리서 반딧불처럼 아른아른
앞선 불빛이 다가오고
알아들을 수 없는 말소리가
둑방에서 공중분해

사람 발자국이 서서히 기척을 내고
이름 부르는 아버지 엄마의 따듯한 가슴
온 동네 사람들이
우릴 찾으러 나섰다는데
아무 생각도 나지 않던
그 밤의 소요.

합창 연습 날

합창 연습이 한창이었다
순이도 연습이 끝날 때를 기다리며
복도에서 주춤거리고
선생님 눈치 살피며 손짓하려는데
순이를 데리고 가는 순이 아버지

삼 일째 결석인데 선생님은
순이가 아프다는 말씀만
합창 대회가 내일모레였지만
아프다는 거짓말로 연습을 빠지고

어디가 아픈지 걱정하며 찾아온 집
빈번하게 놀러 왔던 순이네 집
아무나 쉽게 들락거릴 수 있던 그곳엔
허름한 가재도구들과
미처 챙기지 못한 순이의 가방이
덩그렇게 남아 있었다.

유언비어 3

순이아베가유괴범이었다네
순이도남의아였는디
몰래델꼬와키웠다는구만
순이아베인상봐진작알아봤제
경찰조사에서싹다밝혀졌다누만
오메당신셋째딸은천운을타고났나베.

봄비가 장마처럼

아침부터 궂은비 내리면
오목교 건너 학교 오는 아이들
우비를 입었어도 흠뻑 젖었고
장화 없는 아이들은 진흙탕에 질척거려
황토색으로 물들어 있는
젖은 고무신 뒤로 감추고

오목교 통나무 다리 건널라치면
미끄러져 천에 빠지기도 하고
비 젖은 새앙쥐들 개선장군 맞이하듯
아이들 박수 유도하며 응원해 주시던
선생님 눈길 머무는 빈자리
비 오는 날마다 오지 않는 친구

교실 창문 밖으로 주룩주룩
봄비가 장마처럼 내리고 나면
오목교에 불어오는 뜨거운 바람.

신록

 이른 더위였다. 꽃들이 숲길에서 바람을 맞아들이며 불분명한 계절의 감각이 주춤거리다가 이내 주저앉고, 더위를 참지 못한 아이들은 안양천으로 뛰어들어 첨벙거리며 물장구를 치면 통나무 다리 위에서 곡예하듯 다이빙하는 아이들의 맑은소리로 시작하는 싱그러운 여름날.

피에로를 닮은

오목교 지나 안양천 둑방 길을 걸어
염창으로 향하는 봄 소풍 길에 사라진
영철이와 인수
건장한 체구의 남자 둘이
서커스 구경도 시켜주고
단원도 시켜주겠다며 유인하려다가
교감 선생님께 들켜 위기를 모면하고

동네 어귀 넓은 공터에는
해 질 무렵에 시작되는 서커스 공연
천막 뒤편에서 야단맞고 눈물 흘리던 소년 피에로
영철이와 인수 닮은 소년 피에로
피에로 소년은 어디에서 왔을까
밤새 뒤척였던 긴 여름밤.

우리 동네 찰리 채플린

할아버지는 육척장신에 도인처럼 수염이 성성하고 길었다 얼마나 부지런하신지 하루도 쉬지 않고 오목교 인근 안양 천변에서 밭농사를 지셨다 하지 해가 뉘엿뉘엿 넘어갈 때쯤이면 할아버지 망태기에는 온갖 여름 채소가 수북하고 동네 꼬맹이들이 궁금해하는 도마뱀 몇 마리가 호박잎에 겹겹이 쌓여 꼬무락거렸다 그날도 재경이는 의기양양 아이들을 불러 모았다 이른 저녁을 먹은 사람들이 공터에 모이면 식순이 시작되는 것처럼 자리가 만들어졌다 할아버지가 삐거덕거리는 낡은 의자에 앉으시면 아이들이 잔뜩 긴장했다 할아버지는 집이 어디며 아버지 존함은 무엇인고 하시면서 망태기 안쪽으로 손을 넣었다 뺐다 뜸을 들이다가 망태기 속에서 여러 겹의 호박잎에 쌓아놓았던 도마뱀들을 손바닥에 올려놓고 한 마리씩 입안으로 들이밀었다 도마뱀이 목구멍으로 넘어가면서 할아버지의 목젖이 불룩 튀어나왔다가 들어갔다 두 마리, 세 마리, 할아버지는 연신 입맛을 다시면서 수염까지 쓰다듬으셨다 여기저기에서 웃음이 터져 나오고, 마지막 도마뱀이 할아버지 손바닥에서 기절했는지 척, 늘어져 있었다 할아버지가 다시 도마뱀 꼬리를 붙잡고 입을 벌리셨다 순간, 도마뱀의 꼬리가 할아버지 손끝에서 덜렁거리고 영악하게도 몸통은 자취를 감췄다.

장마

 줄기차게 내리는 비 오목교는 더 이상 보이지 않고 안양천 수위는 점점 높아져 갔다 초가지붕이 둥둥 떠가고 떠내려가는 지붕 위에서 허우적거리는 여러 마리의 돼지도 몸부림쳤다 둑이 무너지면 죽는다 동네 사람들은 빈주먹만 꼬옥 쥔다 해가 어둑해지면서 잠시 소강상태를 보이던 비가 다시 퍼붓기 시작했다 아침에도 여전히 비는 내리고 웅성웅성 무거운 소리가 들린다 공장 가던 처녀가 오목교를 건너다가 급류에 휩쓸려 겨우 하류에서 찾았다며 사람들이 오목교 쪽 안양천 둑방으로 몰려갔다 시골에서 올라와 방직공장을 다니는 조신하고 얌전한 처녀가 거적때기를 덮고 있었다.

둑길, 참외 장사

오목교 둑길에서
참외 장사하는 길용이 아줌마
뱀한테 물려 사경을 헤매다가
깨어났다

전장에서 살아온 기적의 영웅
밥벌이 찾기 어려운
상이군인을 남편으로 둔
볕에 검게 그은 얼굴
길용이 아줌마

마땅한 그늘도 없었던
오목교 둑길
개구리참외며 토마토,
여름 과일들이 그대로 남아
뙤약볕에 짓물러만 가는데.

베스와 만나다

느닷없이 관복을 벗으신 아버지
벼농사를 지어보겠다고 작심하듯
오목교 근처 땅을 알아보시다가
안락사 직전의 노견을 데려오셨다

털이 듬성하니 기력은 쇠잔해도
셰퍼드 종자에 이름은 베스
총명한 눈으로 아버지 품속을 파고들면
아버지는 부하 바라보듯 베스를 쓰다듬고

특수임무를 수행했다는 베스
능히 우리 집 계급 서열 알아보고
오빠들에겐 으르렁거려도
나에겐 등을 내어주고

노견의 애교로 집안에 오랜만에 온기가 돌고
시장에서 얻어온 생선 대가리로
털에는 제법 윤기가 돌고.

메뚜기 날다

오목교 옆 가을 들녘에 벼가 누렇게 익어가면
메뚜기 잡으러 가겠다던 언니
뒤를 따르는 일곱 남매,
이미 들판에는 메뚜기 후드득 떼 지어 날고

신정동 저편 논에서는 옆 동네 아이들
벼 이삭을 흔들어대며 메뚜기 잡이 각축전을 벌이고
이에 질세라 언니랑 오빠들은
입 좁은 통에 부지런히 메뚜기를 잡아넣으며
서툰 동생 눈치로 돌보다가
메뚜기 한두 마리 풀대에 끼워주기도 하고

가을바람이 살랑살랑 불고
천변 밭고랑 사이로 밀짚모자 마구 흔들며
달려오는 아저씨, 야 이놈들! 거기 논에서 나와!
운동화 한 짝 풀대에 끼워놓은 메뚜기 잃어버리고
반 통도 채우지 못한 메뚜기
무쇠 가마솥에 바싹 볶아 맛있게도 냠냠.

오목교 연가

오목교 건너 노을빛 물든 둑방에 앉아
별명이 파바로티였던 소년과
멋지게 이중창을 부르던 소녀의 발그레한 볼
꼬맹이 동생과 함께하는 데이트
파바로티 소년이 불러주던 돌아오라 소렌토로
내 맘속에 잠시라도 떠날 때가 없도다.

책임

자식보다 버려진 조카가 우선인가요
언니가 아버지한테 따박따박
말대꾸하는 것을 처음 보았다
부라리던 아버지 눈에 힘이 빠진다

자의든 타의든 맡겨진 거면 책임을 져야지
아버지 임종까지 우리에게 하지 못했던 말.

아버지와 베스

밤이고 낮이고 몇 날 며칠 울어대며
출근하는 아버지 바지 끝자락 구두 독구리
이빨로 물고 놓아주질 않던 베스
자주 우는 늙은 개는 우환을 들인다는
이웃의 조언 들어 쫓겨나던 베스
목줄에 매어 떠나지 않으려 뒷걸음질 치며
돌아보고 또 돌아보며 울부짖던 베스

그날도 아버지 출근길 베스는 울었고
집 앞에 동네 사람들이 웅성웅성
옆집 아줌마 곡소리 아이고 아까운 양반
먼 친척까지 손님이 밀려들어도
안방에서 엄마는 기척이 없고
나는 눈만 끔뻑이며 문지방 옆에
가만히 서 있었다.

승화

넝쿨장미가 뜰 담장을 넘나들며
듬성듬성 피어오르다 지고
집안을 감싸는 어둡고 묵직한 부재
계절을 바라보는 당신의 슬픔이 뿌리에 스며
하얀 수국꽃이 핀다.

안양천의 비애

국가적 산업화 발전 계획 과정에서 세워지는
인근 공장에서 뿜어져 나오는 폐수
흘러드는 안양천엔 악취가 진동하고
천변 낮은 풀숲 아래에서
떠내려가지 못해 엉켜 돌고 있는 배설물
코를 막고 키득거리며 구경하는 아이들
수면을 뱅뱅 도는 피라미 떼 붕어 떼
오목교 아래 더 이상 물장구치는 아이는 없다
통나무 오목교도 걸쭉해지는 안양천.

희망

통나무였던 오목교
콘크리트 다리로 굳건해지며
보라색으로 단장한 지하철 오목교역

논밭, 판자촌이 대규모 주택 단지로
학군의 중심 교육특구가 된 오목교
경계에 공장들이 지방으로 이전되며
다시 맑아지는 안양천

오목교는 원래 오동나무 통나무 다리
운명을 이겨내는 지혜
절망하지 않는 삶의 자세
상징으로 보여주는 전설의 다리 오목교

오동나무 다리 떠올리며 자전거를 타고
오목교에서 안양천을 돌아 한강으로 내달린다.

오목교 그리기

전쟁 중 폭격을 맞아 무차별로 파괴된 집들
나무와 논밭 민둥머리처럼 전소되어
회색의 벌판으로 파란만장했던 고향을 그리는
유년의 기억은 파란 새싹 돋은 정겨운 풍경 속에서
소꿉놀이하던 그때가 아직도 그립다

고희를 넘기면서 손가락을 굽어가며
추억을 헤아려 보는 것에 솔솔 재미가 붙었다
낯선 길에 들어서 가던 길이 분명치 않으면
이것도 아직은 나를 위한 필요의 체험
그럴 수 있다는 생각들로 그려보는 오목교는
수묵화였다가 담채화였다가.

제2부

이정표 없는 길

츄리닝의 재기再起

시장 가는 길 로드샵에 걸려 있던 그는
태생이 활달하고 양순했다

벽을 등지고 있는 것 같은 의衣로움,
체육대회부터 자잘한 장보기에
등산까지 넘나들던 건강한 이력들

휴식기에 접어들어,
똬리 틀어 놓은 것처럼
거실 소파 구석에 둘둘 말려 있어도 잠잠하고,
장롱 속 각 잡혀 걸려 있는 이들과도
두루뭉술 잘 지내 왔는데,

역시나 배포 있는 의외의 그 행보,
편안한 잠옷으로 재기에 성공했다.

몸살을 앓으며

한밤중, 허기가 뒤엉켜져 늘어진 몸
입안을 겉도는 색동의 알약들
저벅저벅 방안을 맴돌던 저승사자
고열과 사투하며 맞이한 새벽 찬 공기

한밤중, 공습경보 군홧발 소리
열병으로 맥없이 버둥거리며
엄마의 빈 젖을 자꾸자꾸 빨던 아가
피난하던 으슥한 골방의 새벽 찬 공기

생기 되찾은 아가의 눈망울
홀림이었던가, 몸살을 앓으며
피난의 뿌연 창문 너머 새벽 찬 공기
잔뜩 웅크린 그 날의 아가를 보았다.

미로 게임

   비좁게 얽혀 있는 길 술래 되어 어슬렁거리면 네가 기웃거리던 모퉁이에서 감추고 싶은 몸짓들이 낮추어진다 앞서간 이들이 밟았던 곡선에서도 너를 만나려는 두근거림으로 팔짱 끼고 키득거렸는데 이정표 없는 길 같은 출구에서 만나게 될 농담 같은 한 판 세상 놀이 아리송하게 돌고 돌아 우연히 길이 열린다.

샤레이드*

바다가 보이는 여행지
땅거미 붉게 내려앉은 해변가에
읊조리듯 잔잔히 울려 퍼지는
노시인의 낮은 허밍
아련히 떠오르는 추억의 영화 멜로디,
강렬하게 투영되었던
바바리코트에 검은 선글라스
흑백 필름을 휘감아 돌던
아름다운 돌발 행각들
유유히 흐르는 OST

암울한 시대에 저항하는
청춘의 그늘진 이유였던가
폭염이 지나간 자리
고도성장을 향한 시대적 상황
젊은 날의 가슴은 살아가는 일에 치열했다
그 시절 만난 영화 속 오드리 헵번*
운명적 삶의 이면들이 반짝였던 여배우

다독이듯 나를 위로했던 그리운 노래
샤레이드.

* 샤레이드, 1963년 스탠리 도넌 감독의 〈오드리 헵번, 케리 그랜트〉 주연 영화.
* 오드리 헵번, 미국에서 활동했던 영국인 배우, 24세 때 〈로마의 휴일〉로 세계적인 스타가 됐으며 소녀 시절에는 나치 군에 저항하고 평생을 유니세프와 같은 인도주의적 활동을 펼쳤다.

낯설음에게

오가는 시선 따라 발걸음을 옮기며
그렇게 다가선다
달달한 사탕 한 봉 들고서

단숨에 열리지 않는 뻑뻑한 빗장
만만하게 보았다간
예전 그대로의 모습으로
돌아가게 될지도 모르는

참으로
쉽지 않은 알고리즘.

공, 굴러가다

모나지 않은 모습으로 태어나
손끝 발끝만 스쳐도
즉시 화답하고 잽싸게 반응하는

덩치로 보아 크던지, 아주 작던지
헛손발질에 놀아나 샛길로 빠져도
줏대 없는 무신경은 돌아 돌아 굴러간다

굴러가며 만끽하는 태생적 묘기
움직임 없는 네 모습은
상상할 수도 없는
너만의 세계.

친구야 밥 먹자

부부로 살아온 세월을 뒤로하는
예기치 않은 사고의 슬픔을
따끈한 밥 함께 먹으며 위로하고 싶었어

우아하고 싶어져 근사한 레스토랑을 찾을 때
서러움이 목덜미까지 차오른다며
건성으로 키득거리는 눈가 촉촉한 사람아

앉을 곳 마땅찮은 허름한 식당에서
낯선 이 틈에 비비고 앉아
흐느끼듯 정담 털어내며
헛으로 웃고 탄식이 새고

떠난 사람 생각에 숙연해지면
생은 아무것도 아니었음을,
흘러가는 시간이 오늘이 되고
여기 있는 내 마음
자꾸 두드려도 괜찮아.

의견일치

 살림꾼으로 소문난 아낙들의 연례행사였다 삐쭉 튀어나온 행선지에 대한 불만의 소리가 모임 중간쯤에서 속닥속닥 새어 나왔다 길이 정체되어 시간 안에 돌아오기 힘들고 경사진 길로 올라가기가 불편하며 그곳 식당의 제철 음식들이 구색력도 떨어진다며, 모처럼의 소풍 길이 무산된 것처럼 손사래들을 치며 분위기가 주춤거렸다 그때, 왜 돌풍이 불었는지 아낙의 목을 감싸고 있었던 스카프 살포시 바람 타고 있는지도 모르는 예고 없는 슬랩스틱 코미디인가, 그토록 자유로움을 갈구하며 토슈즈를 벗어 던진 맨발의 이사도라* 자동차 뒷바퀴에 감겨 비극으로 몰아진 그녀의 빨간 스카프는 아니지만, 바람 따라 그를 잡으려고 나비 되어 훨훨 날으려다가 고꾸라져 뒤엉켜진 두 아낙의 발목 뒤돌아 헤실거리던 눈치 없는 웃음기들,

 굽어진 길목 끝에서 아낙들의 소풍 길이 급박하게 정해졌다.

* 이사도라 던컨, 미국 국적의 현대 무용 창시자이며 발레리나.

여정 旅程

엄마 따라 외갓집 가던 그 길,
잔잔한 물결 일렁이는 초가을 한강 나루터
연파랑 옥양목 치마저고리에 쪽 찐 머리
단아한 모습의 엄마, 친정 가는 길
사공이 손짓하면 나룻배에 오르고
외가가 있는 당인리 발전소가 그림처럼 보이면,
마포 나루터가 가까이 다가왔다

연로하고 병색 짙어지신 외할머니는
옛이야기하듯 명命을 이야기했다
녹록잖은 가풍 따라 살림 꾸리는 고명딸에게
외손녀 엉덩이 토닥이며 저승 가는 길을 이야기했다
외할머니 바라보는 엄마의 북받치는 슬픔을
그때 어린 딸은 알지 못했다.

이사

오랫동안
방치된 채
헐거워진
너의 역사를
토해낸다

소생할 수 있는
시간을
외면당하고
행렬에서
밀려나
갈려진 길

홀가분히 정리하고
떠나는
다음 둥지로의
회귀.

암 병동에서

땅으로 번진 지각 변동,
촉박하게 시작된 공사

어지간히 짓눌렸던 덩어리들을
적절한 도구로 가르고, 도려내어
첫걸음 조심하기 위한 오방색으로
야무지게 수를 놓았다

아침 해맞이, 저녁노을까지도
함께 볼 수 있기를
하늘 향해 칭얼거렸던 기도
병동에서 응답받던 날.

산사에서

절 마당 돌아 뒷산 곳곳에
온갖 봄꽃들 흐드러지고
은은히 울려 퍼지는 독경 소리

향 내음 퍼지고
당신 위해 준비된 자리
맑은 기운 감돌고

어머님 오셨나
법당으로 날아든
나비 한 마리.

청국장

아궁이 불꽃들 사그라들고
물러질수록 되살아나는
묘수의 정석
그 시간은 맑았다

득도로 통하는 맛의 깊이가
얼마나 창연할지
뜨거운 알갱이들
내공 서린 기운

쿰쿰함 저버리지 않을
속세의 설익은 인연
깊은 수행에 빠지신
부처님 마음.

오목교역에서

안양천을 흐르는 지하철의 역사歷史는
기억의 저편 통나무로 이어진 오목교
천변을 돌아 오목한 웅덩이가 패 있고
언니들 따라 통나무 다리 건너보려다 발을 헛디뎌
웅덩이에 빠지며 허우적거렸던 유년의 여름날

천변엔 온갖 잡풀이 무성하고
청개구리, 이름 모를 벌레들 희번덕 튀어나오고
꼬리 잘린 도마뱀이 은밀하게 풀숲으로 숨어들었다
장마철 범람하던 천변에는 동네 아이들
처녀 물귀신 찾아 장대 하나씩 들고
서로 등 떠밀며 몰려다녔다

지하철 5호선 오목교역
안양천 물결과 소통하며 결핍 이겨낸 다리
유년의 여름날 둑방에서 소꿉친구와 함께 만들었던
토끼풀 화관이며 손가락 풀 반지는 어디 있을까.

주케토*

자명종 소리로
새벽이 온 것을 알게 되었어도
세상의 바람들은 늘 짓궂어
깨어야 할 신호가 음파를 타지 못해
당신을 만나지 못하고
뒤척이다 보낸 하루

늘 새로이 세상을 보듬는 따듯한 낭만,
절대자이신 주님 곁에서
바람기 장난 없는
온전한 중심에 계셔 주소서.

---

* 로마 가톨릭교회를 비롯한 기독교 성직자들이 머리 위에 쓰는 테두리 없는 모자.

치매

익숙하게 오가던 길목에서
길을 잃는다
떠밀리듯 삽시간에 흩어지는
횡단보도

정해진 시간 안에
도달해야 할
엉거주춤한 걸음 수
더 나가지 못하고
모양 빠진 걸음으로
우두커니 서서

대로 가운데서 홀로
앞서가긴 어정쩡하고
되돌아가긴 막막해진 길.

줄다리기

무수한 이야기들이
선을 넘나든다
뱃심 좋게,

휘청이는 몸들,
정도에서 벗어나지 않으려는
안간힘.

라디오를 듣다
—재생

곧추세우려 했던 방향 촉이
소리를 잃었다

한때는 방방곡곡
기염을 토하기도 했었는데
객담 끓듯 골골대더니
한참을 조이고, 풀고, 볼륨 올려주니
주파수 찾아 소리가 터졌다
시간이 흐르니 느슨해진 기계치들

휴식이 필요한 것을.

관

문이 잠기려는 순간
그는 이미,
문턱을 넘어섰다.

제3부

여름은 짧다

여름은 짧다
−청춘에게

태양을 돌고 돌아 한나절
그늘져 있어도 음습하지 않고
미숙해도 싱그럽다

초록을 닮은 풍경이라면
분주히 흘리는 땀방울도
청량한 구슬로 꿰어지는 보배,

초록의 정점이 지나갈 때면
담금질 시작되는 시간
나른해진 몸뚱이 암팡지게 추스르고
지키고 넘어서야 하는
너와의 약속,

하지의 다리춤이 붙잡고 늘어져도
삼복의 늪에 빠져 휘둘리지 않기를
입추의 그림자가 창가에 어른거린다
여름, 여름은 너무 짧다.

불의 변명

추운 겨울 견디느라
삐쩍 물기 마른 나뭇가지
가녀린 그 몸에 감아 들었던
작은 불씨 하나

바람 속으로 왜,
휘말려 들었나
아궁이에 군불 지피던
불쏘시개의 행방
붉은 화염으로 변해
산속에서 길을 잃었다

산등성이 너머
봄날의 아지랑이가
조몰락거리고 있는데.

봄날의 설렘

말갛게 단장한 햇살이
겨우내 움츠렸던 나무 다독거리고
봄바람 슬쩍 짓궂어지는 한나절,

팝콘처럼 터지는 은근한 꽃망울들
덩달아 바구니에 담기는
은은한 매화꽃 향기.

하지

얼굴만 살짝 내밀던 풀벌레들이
울창한 숲길에서
분주히 도랑을 만들어 낸다

한낮의 열기도 채 식지 않고
붉게 퍼져 저물지 못하고 있는
노을빛,
무슨 신호일까

달님이 마중 나오기 전,
떠나는 손짓들에
별들은 왜 그렇게 총총거렸는지.

동지 1

어둠이 옹글지고
둔탁한 소리음도 낮게 퍼지는
나른한 밤
긴 그림자 고른 숨소리,

토렴된 국밥 한 그릇
시름 덜어내며 쉬어가는
마지막 겨울 긴 그림자.

동지 2

별들이 노곤한 시간,
빛들도 하나, 둘 초점을 잃어간다

서서히 담 모퉁이를 돌아드는 숨소리
살금살금 다가드는 야행의 긴 그림자

내내 불어댔던 겨울바람도 쉬어가려나
일부러 뒷덜미 잡혀준 날.

소낙비

미처 떠나지 못하는 널
냉정히 배웅하고
돌아오던 날

폭포수처럼 터져 내리는
눈물 한 양동이.

해바라기

빛은 한 곳에만 머물기 어렵다고
떠돌던 바람이 전했다

뜨거운 여름날
열병식처럼 퍼지는 평화의 노래
소피아 로렌의 애절한 사랑이
샛노란 화신의 여전사 되어
우크라이나 여인들의 눈물이 되었다.

흑막에 가려진
전쟁의 무게,

세상을 아우르는
해바라기 종속 지대에서
몹쓸 바람은 여전히 떠돌고 있는데.

태풍

정체되어 있던 분노들이
깊은 울음을 밀쳐내고 몰려온다

어찌 바람을 가르고
거대한 바다를 뒤집으려 하나

하늘을 가리다가 자지러진 모양새
세상이 발칵 뒤집혔는데도

다시 고요가 흐른다
하늘은 왜 침묵했을까.

곶감

뽀얀 분내
연지곤지 발그레한 볼,

세찬 바람 녹이는
애잔한 겨울나기.

잡초 1

멀리서도 가까이에서도
물감 풀어 놓은 듯
양탄자처럼 펼쳐져 있는
초록 행렬들

긴 장마에 옹벽까지 다독이며
재난 막는 튼실한 기술자
태고부터 이어져 온
장인 정신
풀들의 줄기찬 생애.

잡초 2

돌계단 덮은 풀숲,
부스스 얼굴 내미는
한적한 여름 오후

하늘을 빙 돌아
나지막이 퍼지는
풀벌레 소리

무심한 발걸음에 밟혀도
다시 꼿꼿하게
가부좌를 튼다.

꽃차

고운 자태
종적 감춘 지 언제였나
바람벽에
웅크리고 앉아 있는 노파들

환생을 보았다

투명 찻잔에 온몸 적시며
화려한 군무 펼치는
예전의 꽃송이들

꽃들이 다시 피어난다
고즈넉한 겨울 찻집에서.

입춘전야

고집부릴 적정 시간을 넘겼다
한겨울 북풍 예민해 있었던
집안 모서리가 둔해지고
펑펑 내리던 눈발 마당 곳곳이
골 지게 패였다
시도 때도 없이 바람에 시달려
기울기 시작했던 날 선 나무들
몸살 앓은 창문 여닫이

햇살이 집안을 비집고 들어오면
봄까치꽃이 방긋
이제 겨울 끝자락.

들깨 털기

볕 좋은 한낮
컴컴한 지하 방에서
오락에 빠진 아이를
회초리 들어 내보낸다

누군가 감싸주지 않으면
어디로 튕겨갈까
세상을 향한 몸짓들

소리를 높인다.
후드득! 후드득!
쾌청한 가을날에.

가을 임박

덜컥!
거세게 회오리치던
용광로 속 불바다,
바람마저 맥없이 놀아나 뜨거웠다

여린 풀잎들이 화상 입고 짓물러져도,
아무도 막아내고 밀어내지 못했던
그 여름밤,

속도 내어 달려오는
하늬바람
이제 겨우 철들려나 보다.

장미

붉고 지적인 자태
선뜻 내주지 않는
예민하고 도도한 손

태양의 이글거림이 도시를 휩싸 안은 날
곁을 주지 못하고 떠나버린
바람들이 무성한 소문을 키웠다

화사함 뒤로 슬픔 감춘
정열의 여신.

제4부

시작을 위한 점

매듭

형형색색 실타래 꾸려 마음을 짓는다
여인의 고결한 장신구

당신의 마음이 어떤 색깔의 마음일지
엉킨 마음이라면
매듭처럼 짓다가 풀어졌으면.

갑질

툭툭 건드려
홈집 난 구멍

어이없어 내뱉어진
피식, 소리

철컹철컹
쇠바퀴 지나고.

거울 보고 말하다

은근히 뒤통수치는
말, 같지도 않은 말에
입안을 겉도는 혀끝의 갈라짐
목울대에 걸린 상형문자

속내 보이는 네 앞에서
앙금을 덜어낸다
치약 거품 하얗게 물고서.

불면증

창을 두드리는 어둠
설친 잠 속을 누비는 만화경

별들이 머리 위를 맴돌고
꽃병 속의 꽃들이 뒤척이면
무겁게 내려지는 커튼 자락

새벽 창 너머 떨어지는 바스락 소리
'신문이요.'

염전에서

빛과 바람이 여과 없이
원석들을 마름질하면
농축된 보석들이
삽시간에 튕겨 쌓여
맑은 얼굴로
하늘을 올려다본다.

파도가 출렁이면
바다는 어머니가 된다
세상의 빛이 되는 소금
성장하기까지
궂은비 몰아쳐 내리면
내 자식을 지켜내야 하기에.

데드마스크
-2021 늦가을, 무지개다리 건너신 수산나 님 영전에

하늘 문이 열리고
평생 장애였던 다리로
사뿐히 걸으며
미소 짓는 순진한 얼굴,
화장 곱게 하고
수십 년 전 이승 떠나신 낭군께
한껏 휘파람도 불어보고 싶지만,
곧 만나야 하기에
더 이상 머무를 수 없는
하늘 문 닫히는 시간.

새벽, N 수산 시장에서

다윗의 원성일까
골리앗의 몸싸움인가

새벽 공기
요동치는 비릿함
슬픔이 가세한다.

낭만파 노익장

오늘도 헬스장 누비는
백발 성성한 팔십 줄 남성
턱걸이 다섯, 여섯, 일곱
팔 굽혀 펴기 아흔아홉, 백
러닝도 한 시간, 때론 무한대
근육 보충제 먹어가며
평생 유지하겠다더니,

치과 임플란트 이후로
젓가락질이 서툴러져
식탁에서는 요구가 늘고
우물우물 입안을 맴도는 음식
제대로 씹히지 않아
꿀꺽 삼키더니 '물 주세요'

백세 시대를 살아가는 당당한 기개
체육센터 신문물로 재탄생되는
운동기구가 연인되어

매일 구애하는 스포츠 마니아
낭만파 노익장의 하루 일과.

롱 스카프

세월은 여자의 고운 목선에
고결하게 장미를 피워낸다

바깥세상으로 퍼지며
잠식되기 시작한 장미꽃 향기

어느 한 시절 어여쁘지 않은 적 있었나,
순정 가득 담은 롱 스카프
목에 빙빙 둘러 리본으로 감싸맨다

방년 86세 신부*의 뜰에는
핑크빛 장미 만발하다.

---

* 이수영 회장(1936년생/86세) 과학 발전을 위해 카이스트에 766억 기부.
2018년 83세 첫 결혼, 결혼 상대는 서울법대 동기이며 상처한 첫사랑.

노점상 랩소디

시장 골목 한 귀퉁이,
잡화 보따리 비집고 들이밀어도
자리 잡을 곳은
어쩌다 비어 있는 한 구석
요상한 바람이 집적이던 곳

살아도 죽은 듯이
꿈틀거렸든 물고기처럼
좌판을 펼쳤다
해는 중천에 떠오르고
팔린 물건은 무無

그러다 우뚝!
한 평의 터를 일구었다.

모기 후려치기

서커스 광대였을까
지척에 두고도 당했다

남의 살갗에 빨대 꽂고
교묘하게 배 채우는 흡혈귀

살생하지 말라시는 부처님의 가르침
염치없는 종자의 행적 용서되실까

강력한 퇴치기,
줄 세우고 기다린다.

숲이 피운 향

그 숲에서 핀 철쭉은
예사 꽃이 아니었다
드넓은 곳곳에 펼쳐진
각양각색 꽃들이 피워내는 향

숲이 피운 향은 각성제 되어
여럿은 산 중턱 아래로 사라지고
푸른 그늘에 은신해 있던
햇살도 꼬리를 감추었다

아가사 크리스티의 고난도 추리가
미궁으로 빠지던 날
봄날의 야릇한 향 내음에 취한 벌들만이
그들의 행적을 알 뿐.

은행나무
– 민영환

고궁 담길을 돌아들어
칼날 같은 매서운 바람이 무섭게 서걱이던
그해 겨울

오백 년 울분의 역사를 지켜보았던
올곧은 한 생애.
왕손들의 보살핌으로 궁궐 뜰 안에서
어떤 모습으로 천수天壽를 누렸을까

도포 자락 휘날리듯 전국 각처에서
속속들이 모여들었던 나뭇잎 충신들,
스스로 이불 덮개가 되어 켜켜이 포개어져
님의 곁을 지켜내려 했던
엄동설한에,
한 시대의 가장 장엄한 모습의
미라가 발견됐다

깊은 주름 속에 숨겨진 굴곡의 그림자,

혹독한 겨울을 이겨내지 못한
목생木牲의 텅 빈 가슴
이름도 차마 거론할 수 없는,
거목巨木이였다.

동백 冬柏
– 무안공항 사고 희생자들을 추모하며

꽃은,
떨어지는 것이 아니다

매서운 바람 속에서
눈 내리는 날에도
붉게 피어나던 어여쁜 자태

그렇게 활기차게 날았던 새도
어이없이 찬 바닥에 나뒹굴다니

바람,
참으로 무심한 바람.

종지부를 찍다

뒷말 무성한 창가에
장막을 친다

펼쳐진 곳곳마다 찍어둔
깨알 같은 분사점

분명한 점, 하나를 넘기지 못해
열리지 않았던 절호의 문들

시작을 위한
마지막 점.

ⓒ 최배용, 2025

오목교 이야기

초판 1쇄 발행 2025년 8월 28일

지은이 최배용
펴낸이 조기조

펴낸곳 도서출판 b
등 록 2003년 2월 24일 (제2023-000100호)
주 소 08502 서울시 금천구 가산디지털2로 169-23 1501-2호
전 화 02-6293-7070(대) 팩시밀리 02-6293-8080
누리집 b-book.co.kr 전자우편 bbooks@naver.com

ISBN 979-11-92986-45-6 03810
 값 12,000원

* 이 책 내용의 일부 또는 전부를 재사용하려면 저작권자와
  도서출판 b 양측의 동의를 얻어야 합니다.
* 잘못된 책은 구입한 곳에서 교환해 드립니다.